Ruina montium.
El Antropoceno en Las Médulas

María Préstamo Armesto

Bachelor's Thesis

[July 2023]

Universidade de Vigo

Supervisor: Carmen Lage Veloso

Faber & Sapiens

Ruina montium.
El Antropoceno en Las Médulas

María Préstamo Armesto

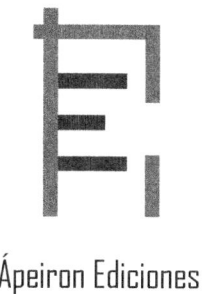

Ápeiron Ediciones

First Edition by Faber & Sapiens,
an imprint of Ápeiron Ediciones,
in 2025

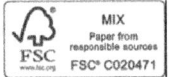

ISBN: 979-13-990257-4-3
DL: M-11123-2025

A mis padres, por su apoyo en los momentos difíciles
A mi tutora Carmen, por su gran implicación

Así como existe una ecología de las malas hierbas
existe una ecología de las malas ideas
Gregory Bateson

CONTENTS

Resumen

Ruina montium es un proyecto fotográfico que propone una reflexión posthumanista sobre el paisaje cultural de Las Médulas, concepto que se ha desarrollado en base a la ruptura entre el binomio naturaleza-cultura desde el pensamiento de Bruno Latour y la ecosofía de Félix Guattari. Se realiza un análisis sobre el papel que debe adoptar el arte en el contexto de la crisis medioambiental del Antropoceno, la cual no sólo se debe afrontar desde la preservación del medio, sino que requiere de una visión multidisciplinar desde la que realizar propuestas de convivencia entre los humanos y los no humanos, clave en los futuros sostenibles y alejándose del proyecto apolíneo de la modernidad ya observable en las explotaciones mineras romanas de Las Médulas.

Palabras clave

Ecosofía, Antropoceno, posthumanismo, paisaje cultural, Las Médulas

1. Introducción

El proyecto *Ruina montium* gira en torno a Las Médulas, una de las manifestaciones más antiguas y espectaculares de modificación del paisaje por la acción humana desde una mirada crítica. El espectacular impacto permanece en la actualidad y se convierte en el protagonista de este proyecto como un elemento objetivo que legitima una toma de conciencia crítica, una reflexión abierta acerca de las relaciones del ser humano con su entorno.

Etimológicamente el término médula (del latín *medulla*) guarda relación con *medius, -a, -um = medio*. Así, comenzó significando "el tuétano", "el meollo", "la médula del hueso", y metafóricamente por extensión "las entrañas" o "la parte interior de algo". Fue en el siglo III a.C., cuando acabó siendo entendido, entre otras cosas, como "lo que está dentro del monte".

El título del proyecto, *Ruina montium*, cuya traducción significa ruina de los montes, es el nombre de la técnica de extracción utilizada por los romanos hace más de 2000 años en Las Médulas, provincia de León. Este método consistía en perforar galerías ciegas por la montaña, para luego introducir por ellas agua a gran velocidad y presión.

El resultado era una actividad erosiva tan potente, que hacía colapsar el terreno, produciéndose una colada de barro aurífero que era tamizada y cribada en un nivel inferior para extraer así el preciado metal. Plinio el Viejo, quien fue administrador de las minas, describe en *Historia Natural* (2003) las catastróficas consecuencias de la técnica: "...y de repente se forman grietas que provocan derrumbes aplastando a los obreros, de modo que parece ya menos temerario buscar perlas y múrices en el fondo del mar. ¡Hasta tal punto más peligrosa hemos convertido la tierra!". Se estima que, con este método, los romanos llegaron a remover más de

500 millones de metros cúbicos de tierra suponiendo un total de 1500 toneladas de oro durante toda la vida de la explotación de la mina.

Las Médulas constituyen un ejemplo excelente acerca de cómo la humanidad ha transformado el planeta para satisfacer sus necesidades de explotación basadas en el ideal de progreso legitimado por el proyecto moderno. El impacto en los ecosistemas es tal que Paul Crutzen (Premio Nobel de química por sus investigaciones sobre la capa de ozono) "en un congreso internacional en México en el año 2000 sobre la intensidad del impacto humano sobre el planeta, interrumpe el debate entre científicos exclamando: ¡No! Ya no vivimos en el Holoceno, sino en el… ¡Antropoceno!" (Arias, 2018, p. 15).

El proyecto apolíneo de la modernidad hunde sus raíces en las civilizaciones clásicas. El humanismo renacentista instala en el centro del discurso un antropocentrismo que será la base del proyecto moderno. Este discurso apolíneo nos ha llevado a las estrellas como el hueso que se transforma en una nave espacial, basándose en las ideas de dominio, imperialismo y colonización.

"Lo que advirtió Crutzen en ese momento es la relevancia que el ser humano había adquirido como fuerza geológica global. La influencia de la actividad humana sobre los sistemas terrestres es tal que los está modificando a escala planetaria. Estos cambios incluyen alteraciones biogeoquímicas de la composición de la atmósfera, de los océanos y del suelo que a su vez comportan una serie de transformaciones ecológicas destructivas como el cambio climático, la acidificación de los océanos, la expansión de zonas muertas oceánicas, y el incremento de la extinción de especies debido a la pérdida y la destrucción ambiental del hábitat" (Demos, 2017, p. 10).

El precapitalismo holandés del siglo XVII, cuando la sociedad burguesa ascendía a un alto estatus gracias al comercio y se rodeaba de sus colecciones de curiosidades y demás inversiones económicas, condensa el ideal de dominio tal y como se muestra en la pintura de naturalezas muertas de la época, que incluían todo tipo de *naturalia* y *artificialia*. La naturaleza y el trabajo humano son comercializados en una economía de mercado caracterizada por la sobreabundancia, enriquecida por el expolio de otros continentes que perdura hasta la actualidad.

Con la ciencia moderna y su observación empirista de la realidad, los primeros científicos naturales y la ilustración científica cultivan este afán de control que comienza su expansión y la construcción de una nueva realidad en la que la naturaleza era entendida como un ente inerte y exterior, separado de la humanidad.

La crisis del modelo moderno provoca la desmitificación de la ciencia y su presencia omnisciente alejada de toda subjetividad. En un contexto postcolonial, donde se alzan las voces de los colectivos invisibilizados surge un proceso de deconstrucción, teoría formulada por Jacques Derrida, de las oposiciones binarias establecidas hasta ese momento: masculino/femenino, sujeto/objeto, naturaleza/cultura, centro/periferia, humano/no humano.

En este contexto de crisis son esenciales las aportaciones de Bruno Latour, que destruye la contraposición entre la naturaleza y la cultura, a través de la cual llegamos al concepto de paisaje cultural cuyo exponente en este proyecto son Las Médulas.

Otros de los discursos esenciales son los de Félix Guattari y Gilles Deleuze. Las reflexiones de Guattari en *Las tres ecologías* (1989) donde defiende una aproximación transversal que vincule los diferentes registros de la ecología: el mental, el social y el ambiental con una práctica ético-estética que da lugar al concepto de ecosofía. La primera, la ecología ambiental que está relacionada con el entorno, es la acepción ecológica ordinaria. La segunda, la ecología social, se basa en una clara oposición al capitalismo mundial integrado y sus ansias ilimitadas de dominio. La tercera y última, la ecología mental, se refiere a la rehabilitación de la subjetividad y la singularidad constantemente mediatizadas.

En la actualidad, las teorías posthumanistas desafían el orden antropocéntrico y desdibujan las rígidas oposiciones binarias. Deberemos explorar estos discursos para el desarrollo del proyecto por su gran repercusión en el arte contemporáneo, como las ontologías planas que rechazan la superioridad humana y entre las que se encuentran los nuevos materialismos, el realismo especulativo y la Ontología Orientada a los Objetos (OOO).

1.1. Objetivos

—Demostrar la consonancia entre propuestas ecosóficas del arte contemporáneo y las indicaciones de los principales organismos internacionales para la protección del medio ambiente.

—Destacar la importancia del arte como medio para visibilizar las consecuencias de la acción humana en el planeta.

—Reconsiderar la relación entre lo humano y lo no humano en la creación de subjetividades.

—Analizar el concepto de paisaje cultural como consecuencia de la disolución de los términos naturaleza-cultura.

—Relacionar las corrientes de pensamiento en el Antropoceno con las nuevas propuestas de arte contemporáneo.

—Revisar cómo el antropocentrismo ha configurado nuestra forma de ver el mundo.

1.2. Metodología

La investigación, mediante un enfoque cualitativo, se inicia con la revisión de la bibliografía que trata las relaciones entre arte y ecología. Se recopilan también los últimos eventos internacionales, exposiciones y artistas que adoptan como discurso principal esta temática. No se realiza una investigación de carácter historicista, se analizan los hechos en el seno de la cultura contemporánea como síntomas de una problemática determinada.

1.3. Estado de la cuestión

Desde finales de los años 60 la filosofía continental reflexiona acerca de la crisis de la filosofía del progreso decretando la muerte del sujeto moderno. Su impronta se percibe en las manifestaciones sociales que reclaman nuevas relaciones entre el hombre y la naturaleza. Un nuevo sentir ecológico emerge en el arte contemporáneo y se muestra en prácticas artísticas medioambientales como el *land art*, el arte *site-specific*, el bio-arte, el arte *ecovention*, el arte efímero, el arte performativo, el arte de caminar, la escultura social, el arte de reciclaje, el arte de no-espacios, el eco-arte y el arte ecofeminista.

Las reflexiones sobre la relación entre la sociedad y el medio ambiente se hacen presentes en la ecología política. Entre los principales representantes del *land art* se encuentra Joseph Beuys, que participa en el ecologismo social con acciones como *7000 robles* y su militancia en el partido verde alemán. Robert Smithson retrata un paisaje antrópico y las huellas de la industrialización. Giuseppe Penone es el mayor exponente del arte povera que conecta el ser humano con la naturaleza. Ana Mendieta realiza propuestas ecologistas desde una perspectiva feminista. Algunas de las intervenciones del *land art* son a escala monumental y pueden resultar contraproducentes en el entorno, sin el arte como excusa, contradicen el discurso que pretendían comunicar. Anna Maria Guasch establece en *El arte en la era de lo global* (2016) la deriva hacia el giro ecológico, dentro del que se enmarcan las exposiciones y los artistas que buscan responder a las cuestiones de la emergencia ecológica.

La exposición *Ecovention: Current Art to transform Ecologies* (2002) supuso el paso de las antiguas categorías del *land art* a las nuevas políticas ecológicas que buscan un mundo común basado en la unión de humanos y no humanos desde la defensa de la sostenibilidad y la biodiversidad.

Beyond Green: Toward a Sustainable Art (2005). Confiere al diseño sostenible un potencial transformador de nuestra cotidianidad en equilibrio con preocupaciones medioambientales, sociales, económicas y estéticas.

Still Life: Art, Ecology, and the Politics of Change (Sharjah Biennal 8, 2007). Compuesto en una mayoría por proyectos *site-specific* tendieron puentes entre la biopolítica y la ecoestética con trabajos inscritos en una red interdisciplinar que incluye lo científico y lo cultural.

En *Radical Nature. Art and Architecture for a Changing Planet 1969-2009* (2009) se reunieron a artistas históricos y contemporáneos con propuestas de soluciones utópicas frente a la creciente degradación del mundo natural y planteamientos sobre la sostenibilidad y cuál es el papel que el arte debe adoptar frente al cambio climático.

Documenta 13 (2012). Desde una visión no antropocéntrica sobre las complejidades del mundo consideró todas las cosas en su interconexión a través del espacio y el tiempo. Uno de los filósofos clave de la OOO, Graham Harman, aportó un ensayo a la antología de la Documenta en el que reivindica como objetos todo lo existente, incluidas las personas y los lugares.

The Great Acceleration (Bienal de Taipéi, 2014). El título alude a la modificación en la distribución de la población desde la década de los 50 hacia las ciudades, unida al aumento de la economía. Exposición sobre la idea del Antropoceno y cómo los seres humanos son sólo un elemento más que forman parte de una amplia red, lo que implica reconsiderar el papel del arte en este nuevo contexto.

En la Documenta 15 (2021) se creó una plataforma artística y cultural interdisciplinaria llamada *ruangrupa*, que apunta a un modelo colaborativo y solidario en el uso de recursos económicos y creativos basado en el concepto *lumbung*, que se refiere a un granero de arroz administrado colectivamente.

Expo 16ª Bienal Estambul, *El séptimo continente* (2019). El título se refiere a la isla compuesta de basura industrial, que se ha ido formando sin darnos cuenta y en la que tenemos que convivir con agentes no humanos. Entre la ciencia y el activismo político se aborda el Antropoceno y el final de la división entre la naturaleza y la cultura.

Futuro perfecto de Europa. La responsabilidad de la memoria (2023). Son una serie de jornadas de reflexión organizadas por la Academia de España en Roma en las que se reunieron personalidades destacadas del pensamiento y la cultura. Entre ellas se encuentra la intervención de Carlos Taibo sobre la crisis ecológica y su propuesta de decrecimiento en la que además de reducir la productividad y el consumo por parte de los países ricos, realiza una llamada a recuperar la vida social perdida como solución a la situación medioambiental actual.

Armin Linke. Fotógrafo y documentalista sobre la crisis climática que utiliza el arte como medio desde el cual visibilizar los espacios de conflicto transformados para adaptarse a las necesidades humanas. *Blind Sensorium: Antropología visual* forma parte de un proyecto más amplio sobre el Antropoceno y que se desarrolla con una instalación que aborda la relación entre las instituciones políticas, las infraestructuras científicas, la tecnología y la naturaleza.

Tue Greenfort. En su obra va más allá de la visibilidad, realizando acciones e intervenciones entre el arte y la ciencia. Critica los procesos que convierten los recursos naturales financiados para el lucro privado desde un enfoque guattariano en el que el arte es una herramienta para la transformación del orden individual, colectivo y geopolítico.

Ursula Biemann. Comprometida en cuestiones de migración, género y globalización realiza investigaciones documentales en diversas partes del mundo en las que se observan las extremas consecuencias de la acción humana. Se aproxima a temas ocultados por los medios de comunicación masivos que producen imágenes arquetípicas. Forma parte del colectivo World of Matter para dar una respuesta colectiva ante la crisis de recursos con la aportación de material de código abierto. En *Deep Weather* aborda uno de los intentos del capitalismo neoliberal de obtener recursos no renovables como la extracción de petróleo a cualquier precio.

Perejaume es artista y escritor. Su obra nos aproxima a la cultura desde el campesinado, la antropología y las artes. Experimenta con cuestiones sobre la representación o la oposición entre la naturaleza, la cultura y la tecnología, que los define como un continuo de interacciones.

Lorena Lozano reflexiona sobre las cuestiones acerca de la percepción de la naturaleza y el paisaje. En su mediación y representación, recurre a los planteamientos de Guattari al anclarse en los tres registros ecológicos.

2. Marco teórico

Ante la crisis medioambiental, Félix Guattari desarrolla un modelo de ecología transdisciplinar, pues las medidas de preservación de los recursos naturales y toda actuación desde una perspectiva marcada por los valores humanistas heredados del pasado no son formas eficaces de abordar la situación de emergencia global. "La era geológica del capitalismo se define por un colapso ecosistémico que se expresa en una multitud de crisis —financieras, políticas, energéticas, humanitarias, sanitarias, ambientales, etc.—, las cuales no son más que el síntoma de una crisis de imaginación, organización y acción política" (Alonso, 2019, p. 370).

La ecosofía guattariana pretende ofrecer una mirada más compleja desde la cual elaborar discursos desde todos los ámbitos y disciplinas, con un énfasis en la práctica artística como herramienta fundamental en la formación de nuevas subjetividades posthumanas para desterritorializar los hábitos de pensamiento homogéneos.

Después de analizar cómo el capitalismo ha deteriorado nuestras redes de conexión con el mundo desde las relaciones sociales, el mundo natural y la sensibilidad, la ecosofía vincula los tres registros de la ecología social, ambiental y mental para reapropiarse de las tecnologías de producción de subjetividad. Guattari sostiene junto a Deleuze un materialismo vitalista, entendiendo la vida como un conjunto de territorios subjetivos humanos y no humanos desvinculados de perspectivas antropocéntricas. Ambos filósofos sitúan al capitalismo como agente de control de la subjetividad y una homogenización de la misma a través de los medios de comunicación de masas que determinan la conducta de los individuos, pero otorgan al arte un papel fundamental en la generación de subjetividades que propongan nuevas relaciones entre lo humano, lo no humano y el entorno.

2.1. Bienvenidos al Antropoceno

Ante la caduca oposición de los términos naturaleza-cultura surgen nuevas propuestas de cambio de percepción a consecuencia del impacto que ha generado el Antropoceno. Diversas corrientes filosóficas posthumanas cuestionan el antropocentrismo heredado de la tradición humanista del Renacimiento que consideraba al ser humano como la entidad superior, como los nuevos materialismos, el realismo especulativo y la Ontología Orientada a los Objetos (OOO).

Entendemos como posthumanismo las corrientes de pensamiento posteriores a la reflexión posmoderna y que reflexionan sobre el futuro de la humanidad como especie a través de aspectos éticos ante los nuevos avances científicos y tecnológicos. Las consecuencias de estos avances tienen el riesgo de hacernos regresar a las dinámicas de poder y dominio de la humanidad sobre la naturaleza, que no son posibles en un mundo de desequilibrios ecológicos en el que es necesario replantearse los modos de convivencia.

El posthumanismo crítico de Rosi Braidotti nace de la ecosofía de Guattari y se desarrolla en una perspectiva teórica, política y social. Cuestiona el ideal antropocentrista del hombre como medida universal de todas las cosas y niega la jerarquía especista en la que la humanidad cuenta con una excepcionalidad, incidiendo en la importancia de la creación de conocimiento para afrontar las problemáticas medioambientales, subjetivas y sociales del Antropoceno.

2.2. *Naturalia-artificialia*

La relación de la modernidad con una naturaleza entendida como exterior e inerte llega hasta nuestros días, el fracaso de la ecología política y la inacción humana ante la crisis ambiental encuentra sus orígenes en una construcción histórica que se extiende en aspectos filosóficos, religiosos, políticos y culturales que nos han dirigido al Antropoceno. Desde una revisión antropológica Bruno Latour, Michel Serres y Manuel de Landa se constituyen como los precursores a la Ontología Orientada a los Objetos (OOO).

La disolución del binomio naturaleza-cultura de Bruno Latour, ya mencionada en el pensamiento ecosófico de Guattari, es esencial para construir una nueva mirada desde la que actuar eficazmente sobre el cambio climático, alejada de las posiciones apocalípticas de origen religioso que provocan la incapacidad de actuación, para deshacerse de las históricas connotaciones erróneas que sugieren estos términos por parte de la hegemonía política que minimiza el discurso científico y su compromiso político-ecológico. "El mundo está constituido por un conjunto de cosas humanas y no humanas, híbridos de naturaleza y cultura que forman ensamblajes socio-naturales, la ecología política debe tener en cuenta estos aspectos incorporándolos" (Latour, 2004, p. 69). La naturaleza ya no es entendida como un ser exterior a la que adaptarse, sino como un conjunto de organismos y conexiones múltiples.

En el llamado Parlamento de las cosas, Latour actúa como portavoz para defender que los objetos tienen derechos, autonomía y agencia, definidos como *actantes* en contraposición de los ideales modernos y que desarrolla en su Teoría del Actor-Red donde los objetos materiales y no materiales se insertan en redes interrelacionadas de participación en las que tienen efecto y significado. Un sistema en el que repercutimos directamente en los seres no humanos y en el medio ambiente, al igual que ellos en nosotros en formas que no nos habíamos planteado antes. Es esencial para afrontar las problemáticas ambientales y el cambio social buscando nuevas perspectivas sobre la realidad material con el arte como agente transformador. Bruno Latour se pregunta por los límites de la representación: "¿por qué si un político puede representar una entidad tan abstracta como "Francia" no puede representar otra similar como un bosque?"

En consecuencia, con estas propuestas de Bruno Latour, Michel Serres crea una conciencia sobre la objetualidad en la que nuestras vidas como individuos dependen del propio objeto. En este pensamiento ecomaterialista se generan otras relaciones con la naturaleza y los fenómenos medioambientales se crean a partir de interacciones biológicas, climáticas, económicas y políticas.

Manuel de Landa es uno de los precursores del realismo especulativo y su teoría general del ensamblaje remite al pensamiento de Deleuze y Guattari desde una aproximación realista y materialista, alejado de construcciones humanistas que entienden lo material y lo natural como irracional.

2.3. Nuevos pensamientos en la era del Antropoceno

El realismo especulativo nace a partir de una nueva aproximación postantropocéntrica a los objetos desde las aportaciones de los filósofos Quentin Meillassoux y Graham Harman. Comprende una realidad como un conjunto de objetos humanos y no humanos, la cual es inaccesible por nuestra propia naturaleza, pero que la especulación nos aproxima a estas subjetividades no humanas con la fuerza impulsora creativa en el arte, la literatura o el cine, como la sensibilidad que transciende el conocimiento humano de Justine en *Melancolía* (Von Trier, 2011).

El concepto de *actantes* de Latour es esencial en la Ontología Orientada a los Objetos (OOO) de Graham Harman, que sitúa al esquema occidental como el origen de las dualidades que entienden al objeto como correlativo del sujeto. No obstante, Harman se centra más en el objeto en sí mismo que en las relaciones que se producen al interactuar entre ellos. Todos los objetos son tratados por igual, incluyendo al humano, para mostrar un posible futuro ontológicamente igualitario.

La creación artística será el lugar desde donde se explorarán las relaciones entre los humanos y los objetos, constituyéndose como sujetos activos en el proceso. Los objetos son definidos como cualquier cosa real y son liberados de su condición de ajenos a toda aproximación a la realidad, reivindicando el retorno del objeto físico y ficticio.

La Teoría del Actor-Red de Latour y la OOO son imprescindibles para comprender el pensamiento de Timothy Morton. La "ecología oscura" está estrechamente asociada a la práctica artística y a la arquitectura. Hereda los posicionamientos en contra del constructivismo social y del excepcionalismo humano, preocupándose por las agencias no humanas en una vuelta al objeto como parte de una red de interconexiones en las que ya no existen los antagonismos. Desde el arte se pueden deconstruir "las fantasías que tenemos sobre la naturaleza" (Morton, 2007) para acercarnos a subjetividades múltiples y no humanas que construyan un futuro sostenible.

El concepto del *hiperobjeto* de Morton es entendido como aquel creado en el proceso de ignorar a otros objetos, terminando también ignorado. Estos objetos son creados por el proceso capitalista en desconocimiento de su impacto futuro, en el que cuando sea consciente el ser humano ya estará dentro de ellos "de la misma forma que la radiación nos rodea o está en nuestro interior, o como los microplásticos que plagan el océano al mismo tiempo que nuestros estómagos." (Morton, 2011). Tal dimensión es incomprensible para la humanidad y los actos vistos como irrelevantes contribuyen progresivamente a su aumento y expansión por todo el territorio. En la "ecología oscura" se acepta una nueva realidad de coexistencia de la humanidad con las sustancias tóxicas que ha creado.

3. Antropología visual de Las Médulas

3.1. *Ruina montium*

El proyecto *Ruina montium* es un acercamiento visual y poético al Antropoceno ofreciendo una prueba objetiva, un testimonio visual, de un paisaje cultural en el que se muestra la transformación humana del entorno. Este tipo de proyectos artísticos son esenciales en la forma de cómo el arte adopta un papel mediador para visibilizar la explotación de los recursos naturales por la humanidad que está sucediendo y ha sucedido en el pasado.

Ruina montium se aproxima a las metodologías de la obra de Armin Linke, *Blind Sensorium: Antropología visual*, entendida como una documentación fotográfica de los efectos de la crisis climática, pero desde una nueva perspectiva revisionista de la historia que nos hace regresar al origen de este ideal de dominio de la naturaleza. A través de una perspectiva crítica nos adentramos en un paisaje cultural, un entorno en el que, como anuncia Bruno Latour, no existe la separación entre la naturaleza y la intervención humana. ¿Es la cultura la que imita a la naturaleza o lo contrario? Al observar el paisaje de Las Médulas superficialmente es difícil de distinguir si ha sido alterado por la acción humana o erosionado por el viento, como en la fotografía de Perejaume *Natura i signatura* en la que se observan dos piedras esculpidas de forma similar y se desconoce si han sido intervenidas por el artista o el río. El paisaje ha sido moldeado por los procesos de extracción mineros y también por los fenómenos naturales con el paso del tiempo.

La concienciación ecológica no debe abordarse exclusivamente desde la preservación del medio natural, pues esta crisis está tan interiorizada en nuestra manera de ver el mundo y llena de sesgos antropocéntricos, que no percibimos su efecto en las relaciones políticas, económicas y sociales. Por este motivo, el proyecto fotográfico *Ruina montium* busca ser un estudio interdisciplinar que coordine todo este entramado de cuestiones para aportar un nuevo punto de vista sobre la historia de la relación entre lo humano y lo no humano, viendo las comunidades y el medio como un continuo.

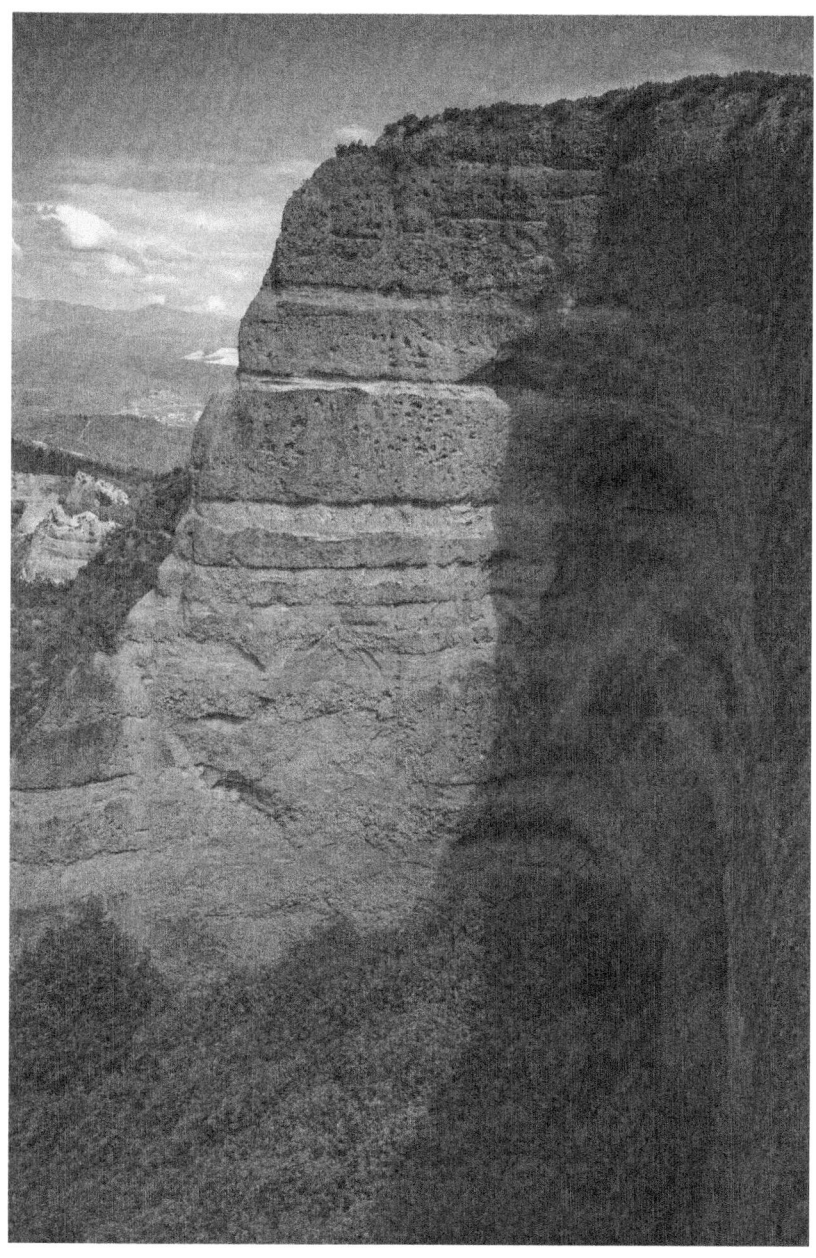

Las Médulas son Patrimonio de la Humanidad desde 1997, cuando la UNESCO las describió como "una destacada obra de la creatividad humana". Este paisaje rojizo rodeado de castaños y robles es el resultado del trabajo de ingeniería romana de hace 2000 años en la mayor explotación minera de la antigüedad. El empeño en someter la naturaleza al servicio de la humanidad durante casi dos siglos hasta su agotamiento continúa hoy en día en sus proximidades por la provincia de León con explotaciones mineras de pizarra. Parece que después de tanto tiempo, nada ha cambiado en la gestión irresponsable de los recursos naturales. El impacto antrópico sobre el paisaje generó grandes cantidades de restos de sedimentos que fueron acumulados en los grandes montículos que constituyen la icónica imagen que conocemos y el lago artificial de Carucedo. La inmensa cantidad de agua necesaria para el derrumbe de las montañas llegó incluso a secar meandros del río Sil y se trasvasaron aguas de la cuenca del Duero para la creación de una de las mayores redes de suministro hidráulico que se extiende sobre los casi mil kilómetros de superficie de Las Médulas. La minería se convirtió en la principal actividad económica de la zona, en contraste con la sociedad y cultura prerromana de los astures basada en la agricultura y que pasaron a trabajar en las galerías de la explotación. Entendemos entonces cómo las consecuencias no son sólo a nivel ecológico, sino que estas mismas están conectadas con las transformaciones socioeconómicas y culturales, como en la obra de Ursula Biemann, *Egiptian Chemistry* (2012) en la que realiza un profundo estudio sobre el impacto de la alteración del curso fluvial del río Nilo en todas las configuraciones del país.

Existe desde las instituciones y el turismo una mitificación de Las Médulas que se traslada a la población y a la que no se le ofrece una contextualización histórica de lo que supuso esta alteración topográfica y sus consecuencias hasta la actualidad. Son necesarios enfoques más ecológicos, antropológicos y sociales en el turismo natural, en el que se corre un riesgo de priorizar la rentabilidad económica.

En la serie fotográfica *Ruina montium* se muestra el entorno de Las Médulas sin presencia física del ser humano, como si se tratase de una zona deshabitada o incluso de otro planeta, pero sin introducir ningún elemento dramático que sugiera un paisaje postapocalíptico pues este tipo de visiones, según Latour, no crean ningún tipo de concienciación sobre las problemáticas ecológicas y conducen a la inacción puesto que el desenlace se muestra inexorable. El origen de esta indiferencia remite al apocalipsis como figura religiosa.

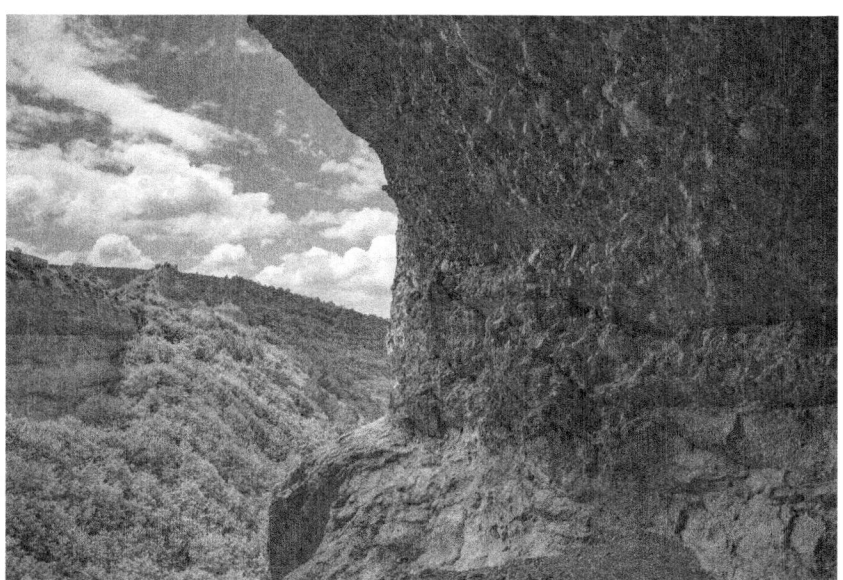

En la película *Melancolía* (2011), Lars von Trier plantea un fin del mundo inminente e inevitable que se presenta como sublime al reflexionar sobre la angustia y la muerte. Sobre este mismo enfoque sublime y reflexivo se sustentan estas fotografías del paisaje cultural, pero donde no entran tales tipos de visiones catastrofistas del fin del mundo, pues se entiende como un proceso gradual durante el cual siempre se puede tomar una consciencia ecológica y actuar sin aceptar pasivamente la imposibilidad de revertir la situación. De igual forma el carácter sublime del paisaje no está en la naturaleza sino en la acción tecnológica que el ser humano ejerce sobre ella, en una relación entre lo humano y lo no humano desde la que se observa el paisaje como en la obra de Manuel Vilariño, Ansel Addams o Hiroshi Sugimoto.

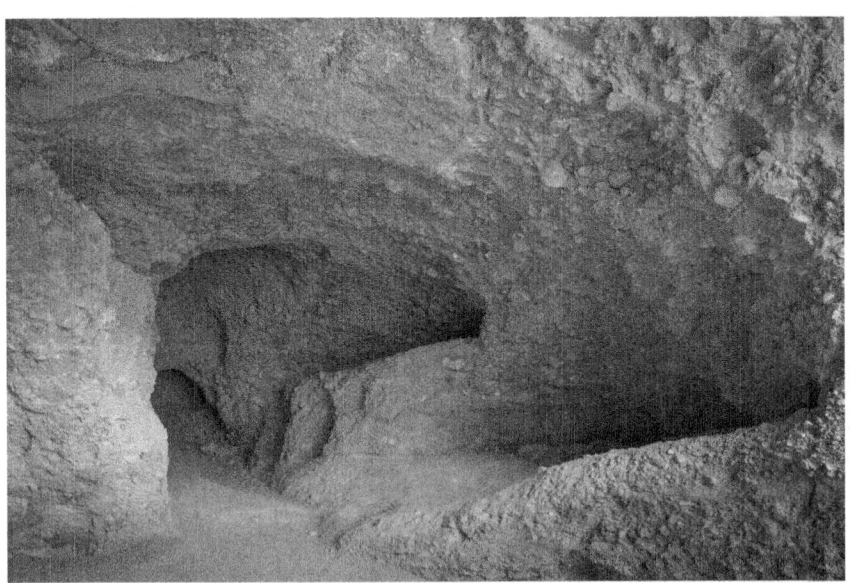

3.2. La fiebre del oro

La palabra "oro" parece proceder del sánscrito "ival", que significa "brillar" o, acaso, de la voz germánica "ghel" (o "gelb"), que se podría traducir como "de color amarillo". Las denominaciones francesa, italiana, española y portuguesa ("ouro") proceden del latín "aurum", origen, a su vez, del símbolo químico Au.

El oro es un mineral muy apreciado por la mayoría de las civilizaciones y en la época del Imperio romano constituía la base del sistema monetario. Se ha escrito mucho sobre el oro astur en la antigüedad, lo que muestra Las Médulas como la mayor explotación del preciado metal, hasta el punto de convertirse en un tópico literario.

Históricamente, por su color amarillo y su brillo han asociado al oro con el sol, un elemento sagrado en numerosas culturas y con intensas vinculaciones con el folclore y el misticismo. "Hablar del oro es referirse a riquezas y fortunas, palacios del país de *Las mil y una noches*, amuletos mágicos y puentes tendidos al encuentro de los dioses, pero también es sumergirse en historias turbias, rencores irreconciliables, codicia y muerte" (García, 1990, p. 239-248).

El oro ha representado lo sobrenatural, la eternidad, la armonía, el valor y la perfección. La manipulación del oro a través de la orfebrería es considerada por numerosos historiadores como una importante manifestación de cambio cultural y una transformación del orden establecido cuya posesión diferenciaba a unos de otros.

El más sagrado de los metales, reservado a la ornamentación como la energía que desciende del sol. Juan de Cárdenas escribió en su *Problemas y secretos maravillosos de las Indias* (1501): "El oro, como otro cualquier metal, se cría en las entrañas de la tierra, aunque no en lo muy profundo, por no apartarse mucho del sol". Sin embargo, existe la otra cara del oro, que es entregado por los dioses a los humanos para alcanzar los más elevados ideales, pero que puede también convertirse en origen de conflictos y corrupción.

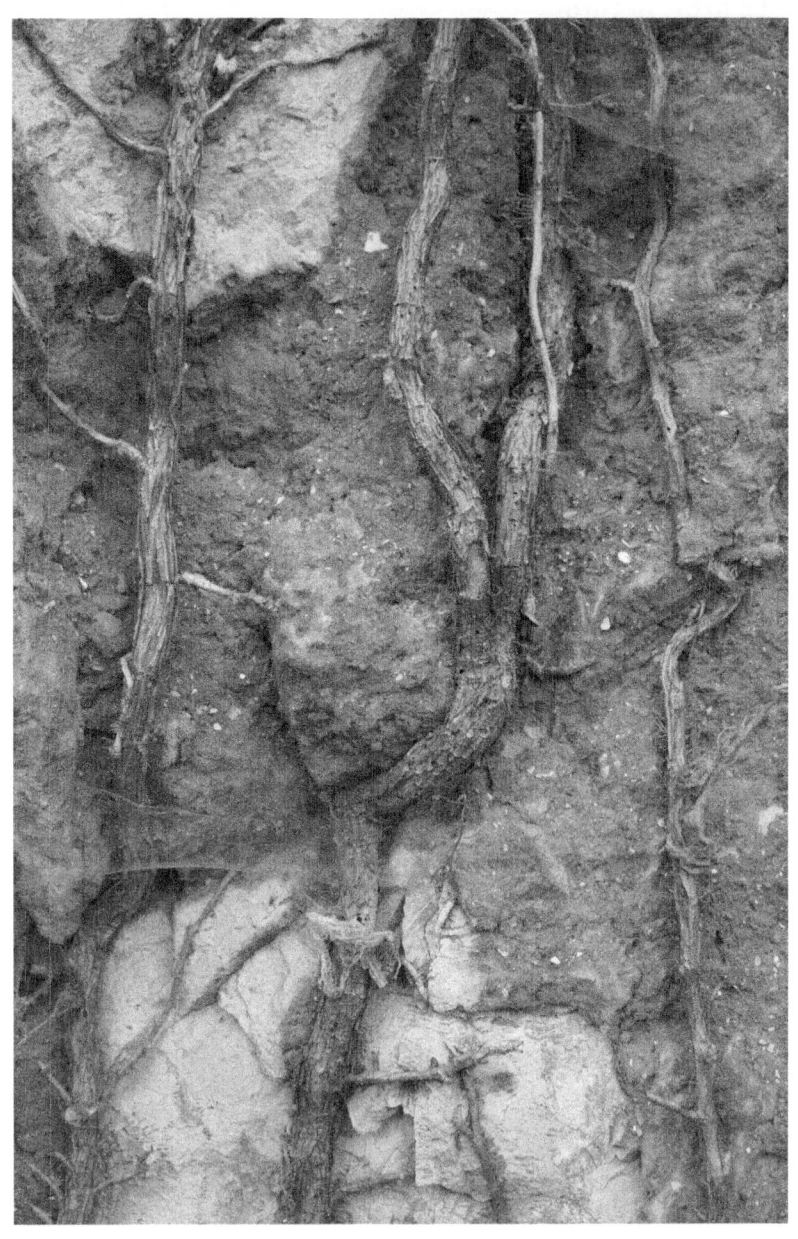

3.3. *Los árboles fantasma*

En la fotografía, aunque se esté observando directamente lo que se quiere registrar, las variables técnicas y la subjetividad alteran la percepción del artista. Esta serie de fotografías, dispuestas en un modo taxonómico a la manera de Joan Fontcuberta en su serie *Herbarium*, construyen una realidad subjetiva basada en la reinterpretación del paisaje cultural de Las Médulas como territorio psicológico. El aumento de escala y la ausencia precisa del contexto de lectura sumergen al espectador en un universo de formas fantásticas en el que se pierde la identidad del modelo como en la fotografía de Karl Blossfeldt.

Los bosques de castaños han ido suavizando, a lo largo de la evolución del paisaje de Las Médulas, el fuerte impacto que produjo la minería extractiva del oro sobre el territorio. Sus extrañas formas orgánicas que se retuercen sobre sí mismas, los troncos llenos de cavidades y la textura de sus cortezas ilustran el recorrido por el paisaje psicológico de los caminos de Las Médulas en una invitación a un teatro de cuerpos expresivos fantasmagóricos que parecen retorcerse de dolor, como testimonio de las terribles muertes provocadas por los derrumbes y descubriendo ese interior de tierras rojizas de las montañas que se desprenden y caen sobre sí mismas.

El aspecto de un paisaje desértico y *marciano*, en contraste con sus alrededores llenos de vegetación, suponen una sutil premonición de un futuro inhóspito si no se toma conciencia sobre la crisis ecológica y la explotación de los recursos naturales. En el proyecto *Orogénesis* de Joan Fontcuberta, se presenta una serie de paisajes naturales creados por un programa informático. Al contrario, las fotografías de Las Médulas son reales, pero no lo parecen por ese aspecto fantástico de ciencia ficción, relacionado con futuros distópicos.

Por este motivo, me interesa fotografiar entornos donde hay huellas de obras simbióticas entre lo humano y lo no humano, cómo la naturaleza se apodera con el paso del tiempo de lugares alterados por la actividad humana, descentralizando al artista de la capacidad creadora considerando otros elementos.

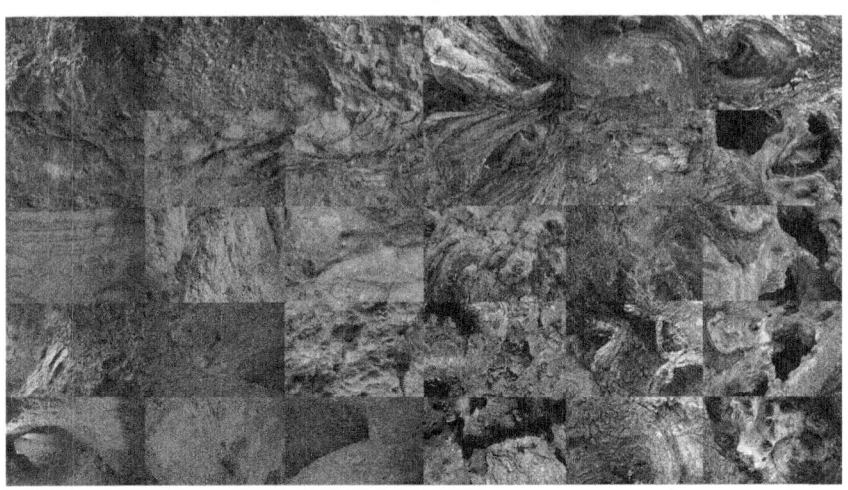

3.4. *Compro oro*

Esta proyección videográfica está inspirada en el situacionismo usado por grupos activistas y de artistas, llamado *détournement* (tergiversación) y que consiste en captar la atención del espectador a través de algo que le resulta familiar y darle otro significado. Se hace una alusión en tono irónico a los conocidos carteles de compra de oro, que se intercalan de forma rápida con imágenes de Las Médulas y grabaciones de sus recorridos teniendo en cuenta su contexto histórico, su explotación basada en la rentabilidad económica en el pasado y como producto turístico en la actualidad. Los carteles de "re(bajas)" se refieren a las muertes causadas por los desprendimientos de la montaña durante la explotación minera y se compara como estas mismas condiciones son las que siguen existiendo en la actualidad en explotaciones como las minas ilegales de Brasil.

Aparece la pregunta de Latour sobre los límites de la representación "¿por qué si un político puede representar una entidad tan abstracta como "Francia" no puede representar otra similar como un bosque?" y se alterna con imágenes de los desacuerdos institucionales ante las medidas contra la crisis climática actual.

A este *collage* de recursos fotográficos y videográficos a modo de archivo de diversas fuentes y temporalidades, se le busca dar un contexto que hile las narrativas que presentan desde las ansias de dominio por la humanidad en el pasado y sus consecuencias que llegan hoy en día, con las crisis climáticas y su debate político, social, económico y cultural.

El hilo conductor sobre el que se sustenta el vídeo es la pieza sonora de José Manuel Berenguer titulada *Màkina7* (2019), en la que un intérprete moldea los sonidos de generación electrónica con sus manos sobre una cámara de infrarrojos. El sonido es utilizado como la representación de un territorio sensible a las problemáticas medioambientales y añade matices poéticos y conceptuales al significado global del video. Murray Schafer acuña en los años 60 el concepto de "paisaje sonoro" y "ecología acústica" en los que se puede integrar esta pieza y que reflexiona sobre la relación entre el sujeto y el entorno en la llamada "ecología del paisaje sonoro". La crisis del Antropoceno ha afectado también a las prácticas sonoras que se han adaptado a este nuevo contexto posicionándose para crear experiencias estético-afectivas que recuperen la identidad sonora de una comunidad.

https://vimeo.com/1066299128

4. Conclusiones

No debemos seguir considerando que podemos explotar los recursos naturales sin límites. No se trata de ciencia ficción: el plutonio, el amianto, el calentamiento global, son *hiperobjetos* que hemos creado, realidades que nos envuelven y nuestro futuro depende de ellos.

La oposición naturaleza-cultura en las humanidades y en las ciencias ha entrado en crisis. Debemos pensar nuevas formas de relacionarnos con lo que nos rodea, superando la dominación de otros seres y de la naturaleza. De ello depende nuestro futuro como especie.

Las propuestas ecosóficas, desde el arte contemporáneo, visibilizan procesos que, al suceder a gran escala, pasan inadvertidos. Es un activismo necesario para transformar los imaginarios y generar nuevas subjetividades que tengan en cuenta las consecuencias éticas y políticas de sus actos.

Las Médulas no son más que una metáfora del imperialismo que explota los recursos de los países periféricos o menos desarrollados sin escrúpulos, sin importarle tampoco la pérdida de vidas humanas. Aunque parezca una cosa del pasado sigue ocurriendo, por ejemplo, en lugares como África en donde para obtener los minerales que se emplean para la tecnología, actualmente tan demandados, someten a la población a condiciones absolutamente precarias y a trabajos peligrosos.

5. Fuentes documentales

ALBIZUA, N. (2020). *Hacia una arquitectura multiespecífica y sus nuevas materialidades.* Universidad Politécnica de Catalunya

ALONSO, C. (2019). *Estética ecosófica y producción de subjetividad posthumana en la era del semiocapitalismo.* (Tesis doctoral) Universitat de Barcelona

ARREGUI, R. (2000). *De la morfología de la naturaleza a la ecosofía: experiencia didáctica en Máster en Arte.* Universidad de Sevilla

ARDENE, P. (2022). *Un arte ecológico. Creación plástica y antropoceno.* A. hache

ARIAS, M. (2018). *Antropoceno: La política en la era humana.* Taurus/ Penguin Random House

BAIGRIE, B. (1996). *Picturing knowledge. Historical and Philosophical Problems Concerning the Use of Art in Science.* University of Toronto Press

BATESON, G. (1980) *Vers l'écologie de l'esprit.* Le Senil

BOURRIAUD, N. (2019). *Introducción al séptimo continente*

CASTILLO, K. (2019). *Claves teóricas en Manuel De Landa: de la ontología deleuziana, los ensamblajes, emergentismo y la historia no lineal.* Andamios

DE DIEGO, E. (2008). *Contra el mapa: disturbios en la geografía colonial de Occidente.* Siruela

DEMOS, T. (2017). *Against the Anthropocene. Visual Culture and Environment Today.* Sternberg Press

EL VIEJO, P. (2003). *Historia natural.* Libros VII-XI

FERNÁNDEZ-BACA, R., et al. (2007). *Acciones en el paisaje cultural de la Ensenada de Bolonia.* Ph

FERNÁNDEZ, D. et al. (2002). El paisaje cultural de Las Médulas. *Treballs d' arqueologia*

FIGUERAS, E. (2021). *Algunas cuestiones sobre Arte y Ecología.* https://www.youtube.comwatch?v=Qzbu19wOdo

FONTCUBERTA, J. (1998). *Ciencia y fricción: fotografía, naturaleza, artificio.* Mestizo AC

GANSTERER, N. (2011). *Drawing a Hypothesis: Figures of Thought.* Springer

GARCÍA, S. (1990). Las Médulas y el oro astur. *Memorias de historia antigua*

GUASCH, A. (2016). *El arte en la era de lo global.* Alianza Editorial

GUASCH, A. (2000). *El arte último del siglo XX: Del posminimalismo a lo multicultural.* Alianza Editorial

GUATTARI, F. (1990). *Las tres ecologías.* Pre-Textos

GUATTARI, F. (2004). *Plan sobre el planeta.* Traficantes de sueños

HACAR, M., & ALONSO, Á. (1998). *Nueva interpretación de la geología de la mina romana de Las Médulas. El Bierzo, León*

KUBRICK, S. (director). (1968). *2001. Una odisea del espacio* [Película]. Metro-Goldwyn-Mayer

LAGE, C. (2017). *La retórica de la pureza.* (Tesis doctoral) Universidade de Vigo

LATOUR, B. (2019). *Cara a cara con el planeta: Una nueva mirada sobre el cambio climático alejada de las posiciones apocalípticas.* Siglo XXI Editores

LATOUR, B. (2020). *Natura, un vocabulari per al futur* https://www.youtube.com/watch?y=FJPri-WillE

LATOUR, B. (2022). *Nunca fuimos modernos.* Clave intelectual

MADERUELO, J. (2005). *El paisaje. Génesis de un concepto.* Abada

MARTÍN, F. et al. (2014). La mina romana de oro de las Médulas (El Bierzo, Provincia de León, NO de España): Patrimonio de la Humanidad como recurso docente para la enseñanza de las Ciencias de la Tierra. *Enseñanza de las Ciencias de la Tierra*

MATÍAS, R. (2021). Los canales de Las Médulas (León-España): razones para su inclusión en el Patrimonio de la Humanidad. *Revista Euroamericana De Antropología*

MAZADIEGO, L. et al. (1998). Mitología del oro: el oro y el sol. *Boletín geológico y minero*

MORTON, T. (2019). *Ecología oscura. Sobre la coexistencia futura*. Paidós

RAQUEJO, T. (2003). *Land Art*. Nerea

SÁNCHEZ, F. et al. (2000). Las Médulas (León), un paisaje cultural patrimonio de la humanidad. *Trabajos de prehistoria*

SMITHSON, R. (2006). *Un recorrido por los monumentos de Passaic*. GG

VON TRIER, L. (director). (2011). *Melancolía* [Película]. Zentropa

WERTHEIMER, M. (2017) *La naturaleza no existe*. Reseña de "Cara a cara con el planeta. Una nueva mirada sobre el cambio climático alejada de las posiciones apocalípticas", de Bruno Latour

6. ANEXOS

6.1. Pruebas de impresión y fotografías descartadas

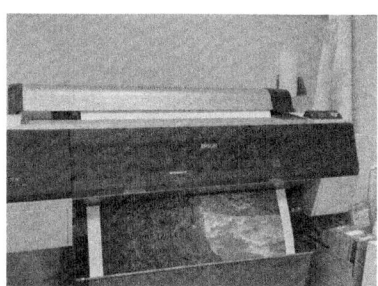

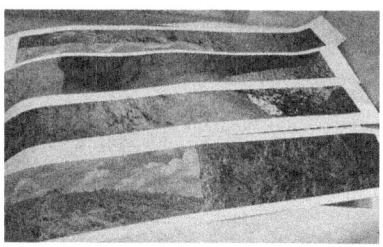

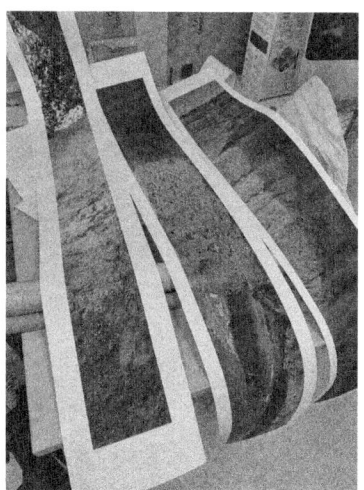

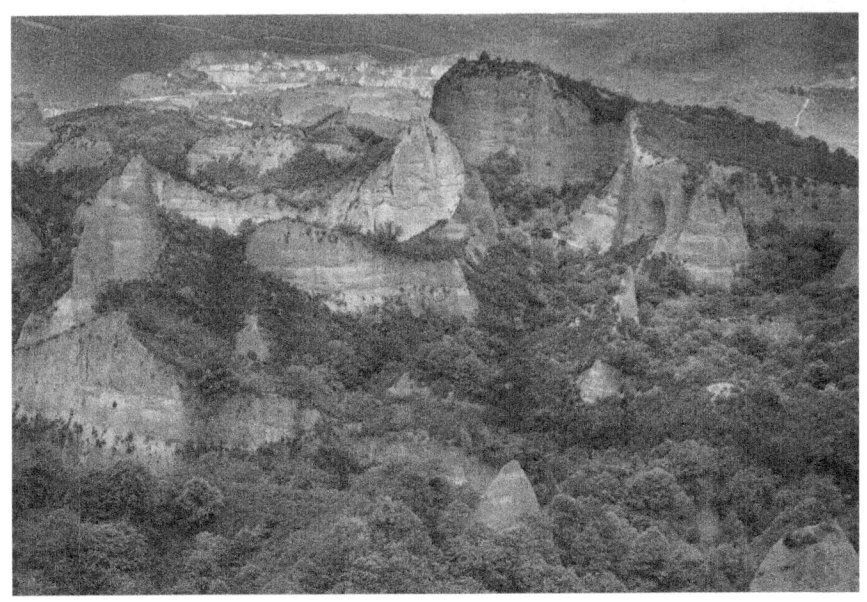

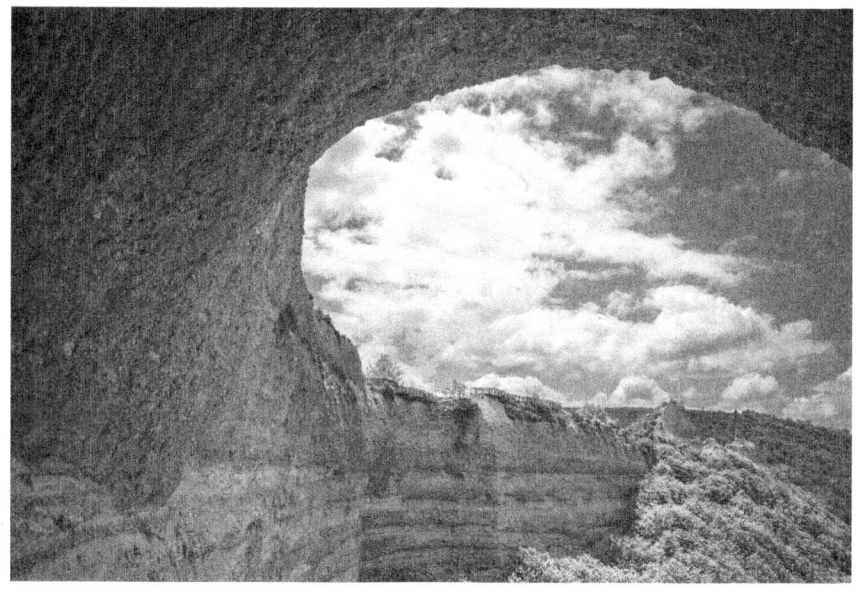

6.2. Dossier de obra

Ruina montium, 2023
Fotografía
100 x 70 cm

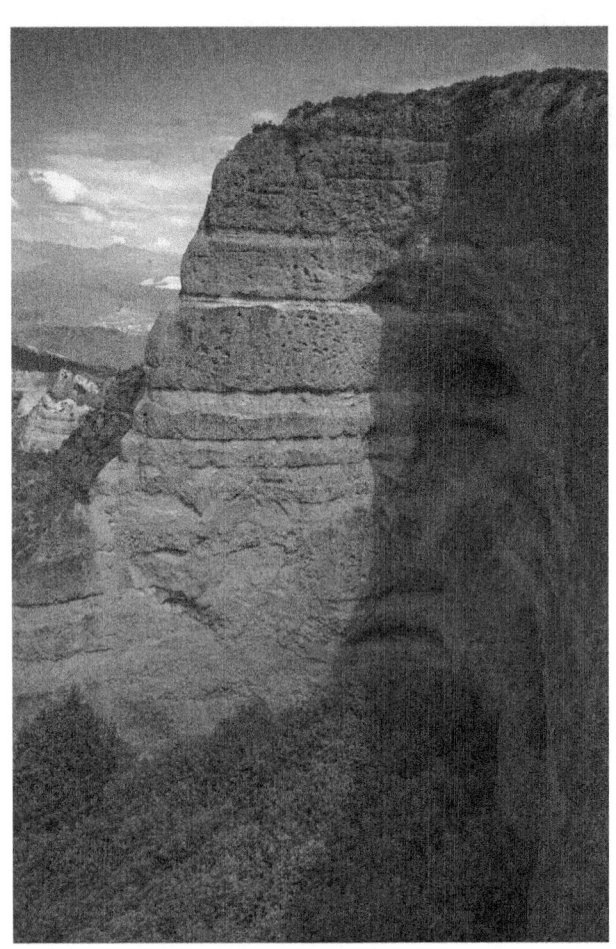

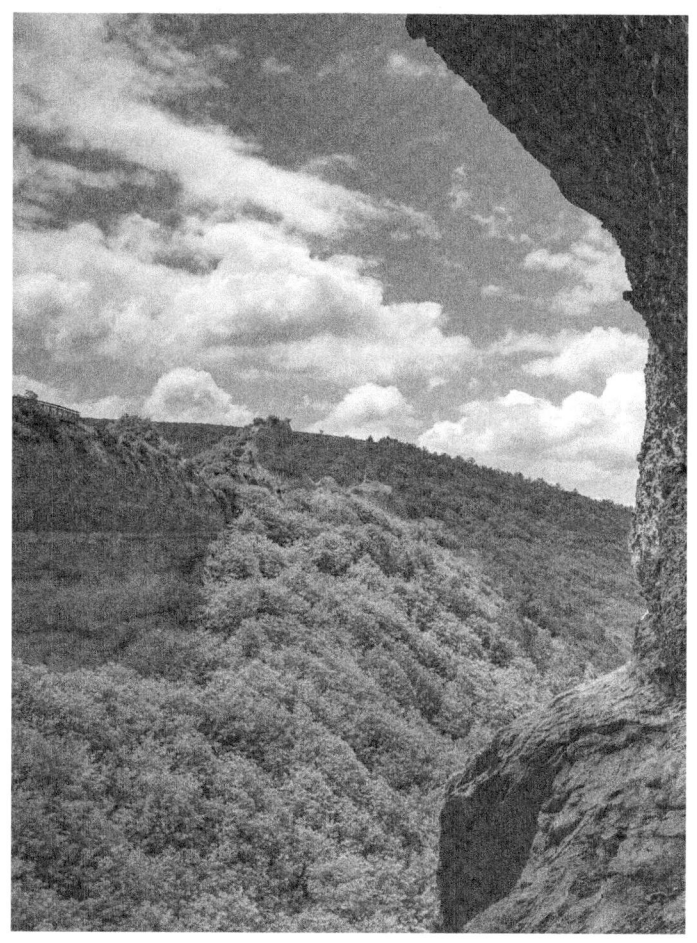

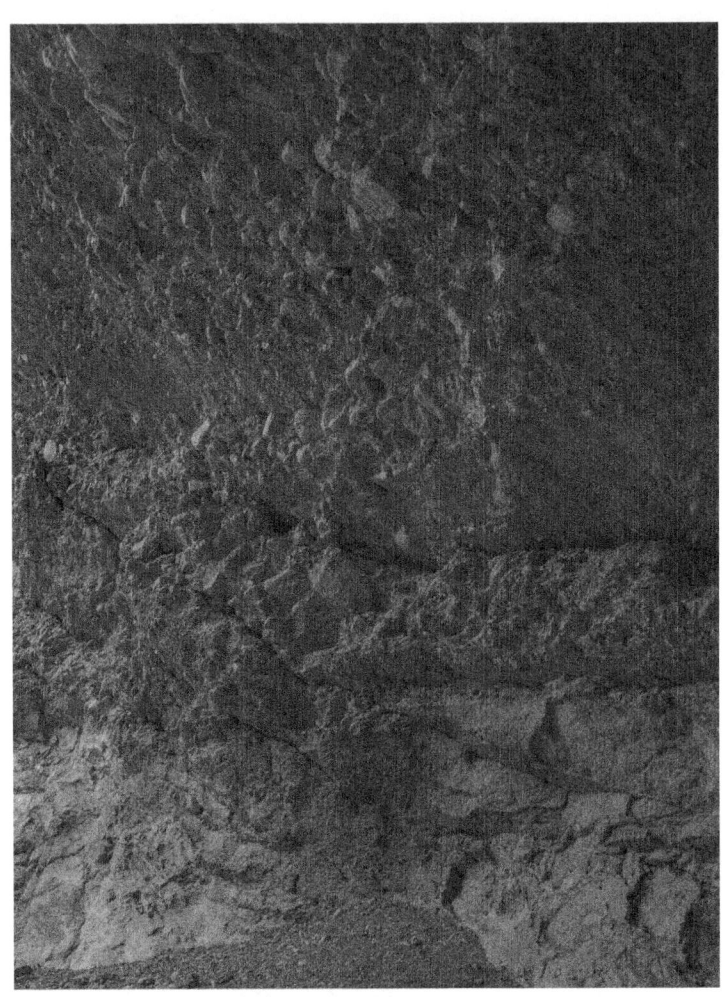

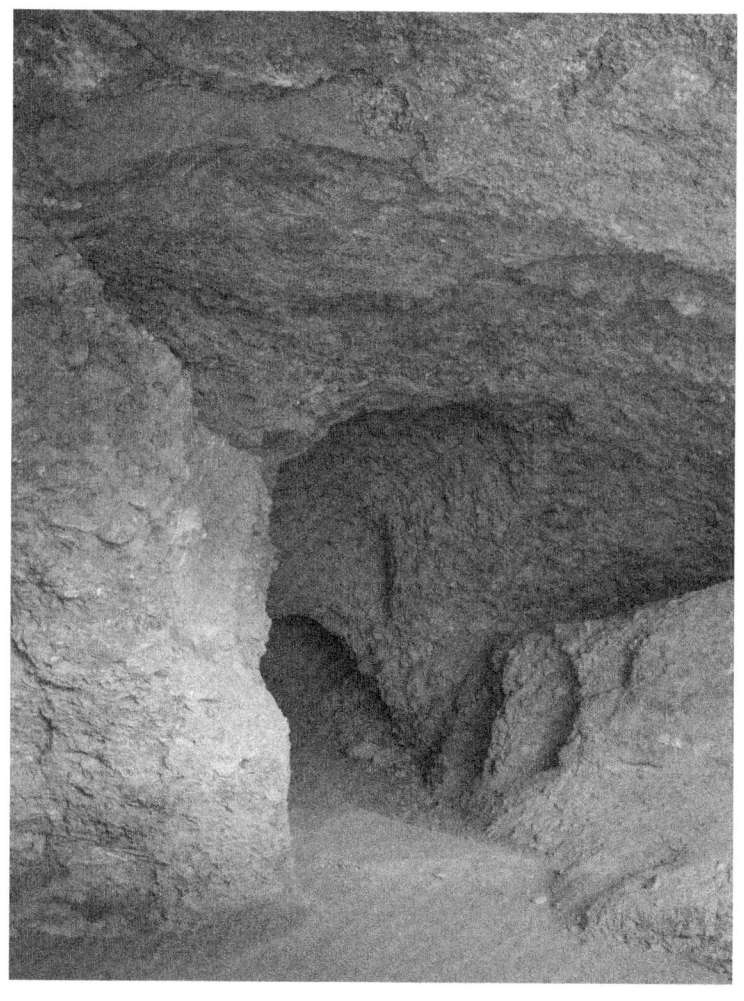

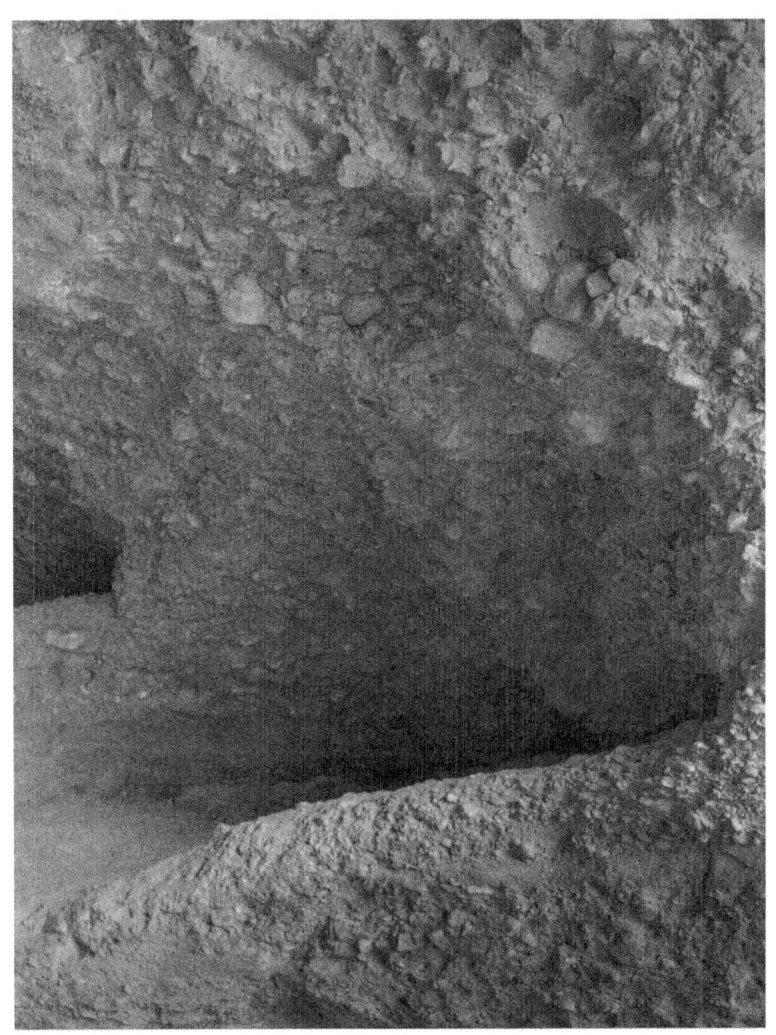

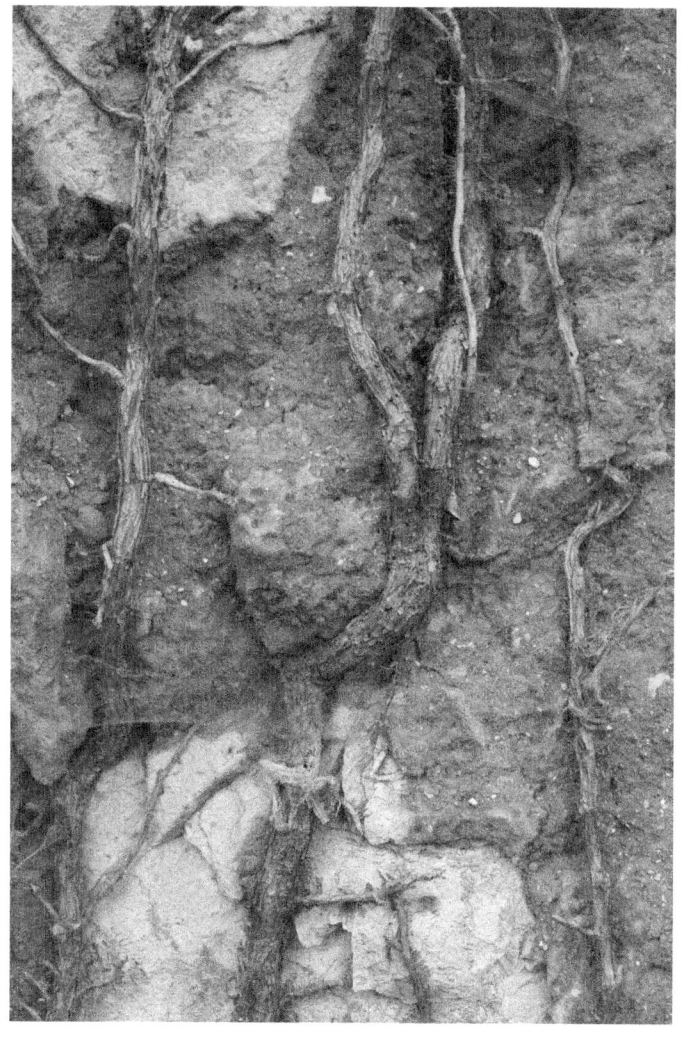

Los árboles fantasma, 2023
Fotografía
98,56 x 53,92 cm

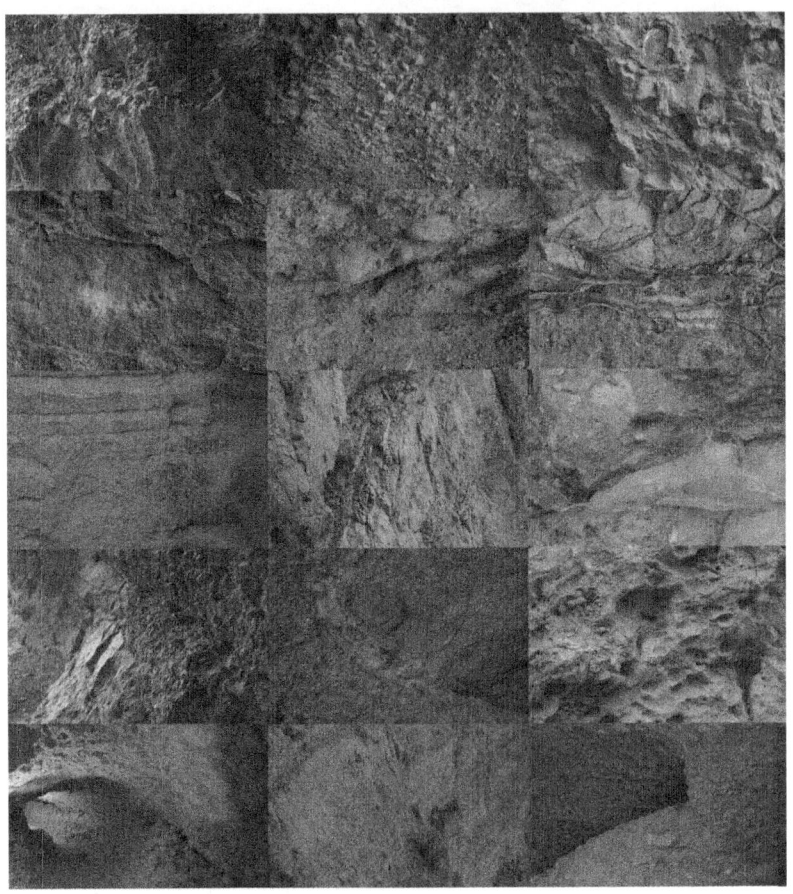

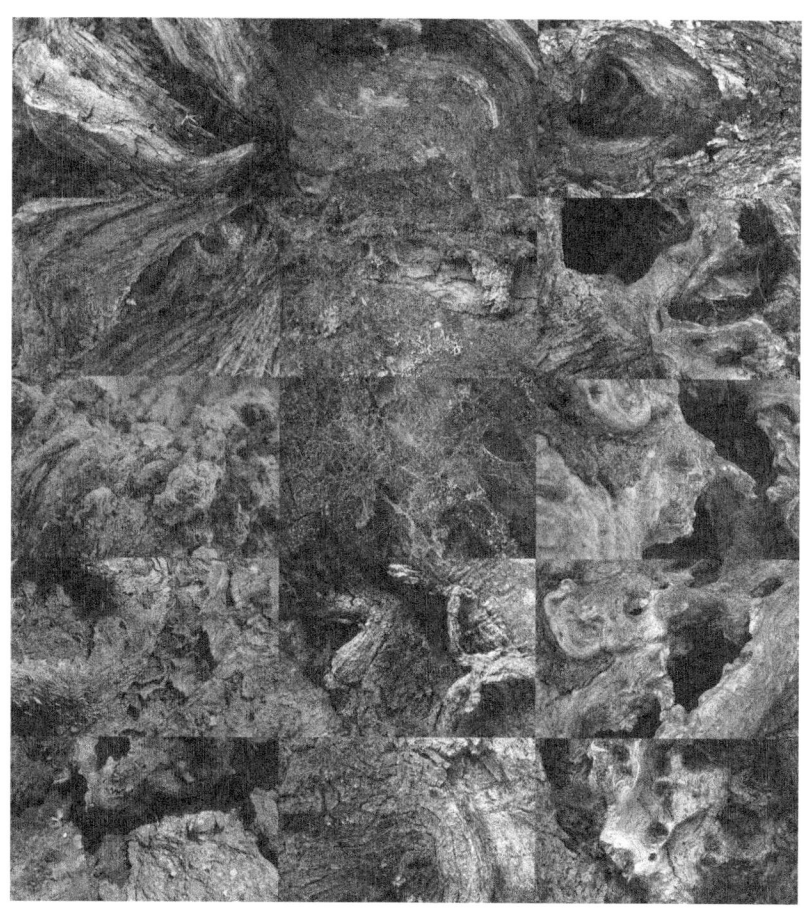

Compro oro, 2023
Vídeo
00:01:57
https://vimeo.com/1066299128

Published
in May
2025

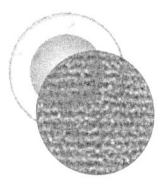

Faber & Sapiens